Üben ❶ Zähle und schreibe.

3

Zahlen bis 10
Zahlen aufschreiben

Zahlen bis 10
Zahlen aufschreiben

Lösung ❶ Für jede richtige Zahl gibt es 1 Punkt.

TIPP

So schreibst du die Zahlen:

0 1 2 3 4 5 6 7 8 9

Üben ❶   Punkte

Üben ❷ Ergänze und male.

2	II	● ●
7		
5		
1		
10		
0		
4		
8		

Zahlen bis 10
Zahlen darstellen

Zahlen bis 10
Zahlen darstellen

Lösung 2 Für jede richtige Aufgabe gibt es 1 Punkt.

2	II	●●
7	||||| II	●●●●● ●●
5	|||||	●●●●●
1	I	●
10	||||| |||||	●●●●● ●●●●●
0		
4	IIII	●●●●
8	||||| III	●●●●● ●●●

TIPP

Mache nach 4 Strichen einen Querstrich: |||||

Üben 2   Punkte

Üben ❸ Male an und setze ein <, = oder >.

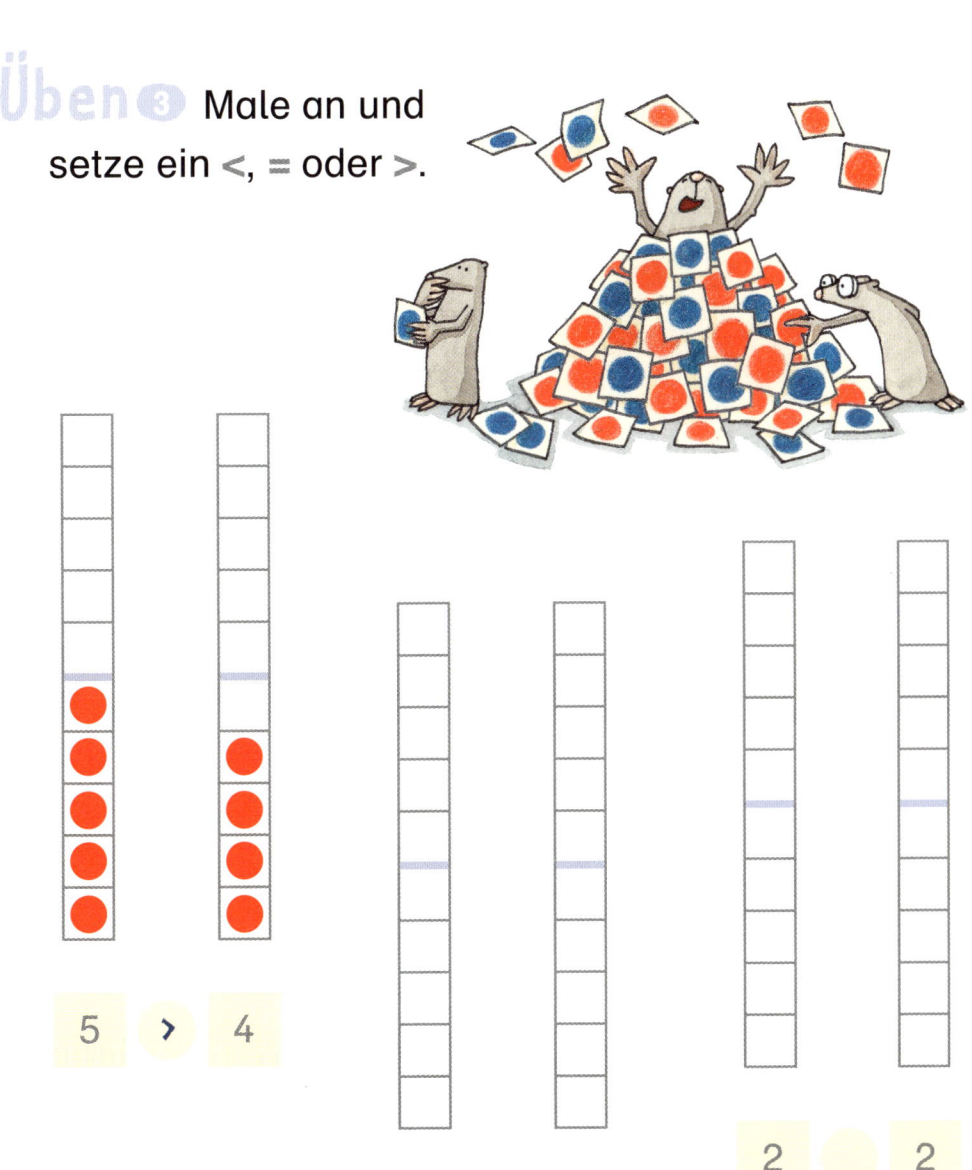

5 > 4

7 ● 9

2 ● 2

Zahlen bis 10
Zahlen vergleichen

Zahlen bis 10
Zahlen vergleichen

Lösung 3 Für jede richtige Aufgabe gibt es 1 Punkt.

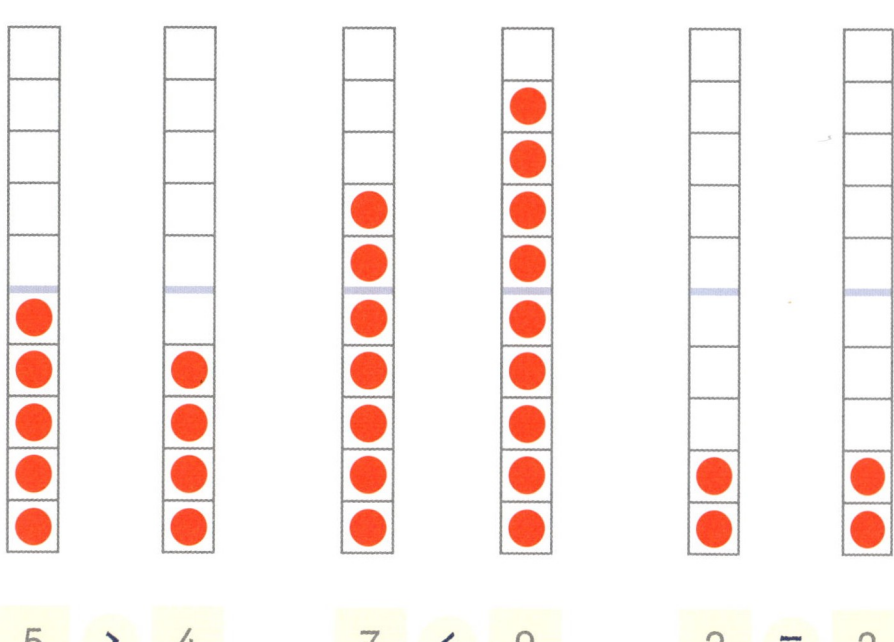

5 > 4   7 < 9   2 = 2

TIPP

So liest du die Zeichen:

< ist kleiner als, = ist gleich, > ist größer als

Üben 3  Punkte

Üben 4 Finde alle Zerlegungen.

3 + 0 = 3
2 + ... = 3
..... + ... = 3
..... + ... = 3

6 + 0 = 6
..... + ... = 6
..... + ... = 6
..... + ... = 6
..... + ... = 6
..... + ... = 6
..... + ... = 6

Zahlen bis 10
Zahlen zerlegen

Zahlen bis 10
Zahlen zerlegen

Lösung Für jede richtige Aufgabe gibt es 1 Punkt.

$3 + 0 = 3$

$2 + 1 = 3$

$1 + 2 = 3$

$0 + 3 = 3$

$6 + 0 = 6$

$0 + 6 = 6$

$5 + 1 = 6$

$1 + 5 = 6$

$4 + 2 = 6$

$2 + 4 = 6$

$3 + 3 = 6$

Üben Punkte

Üben ❺ Zähle und schreibe.

12

Zahlen bis 20
Zahlen aufschreiben

Zahlen bis 20
Zahlen aufschreiben

Lösung 5 Für jede richtige Zahl gibt es 1 Punkt.

12   14   20

15   15   17

TIPP

Denke an die Schreibrichtung bei den Ziffern 0 bis 9. Du kannst beim Tipp der Lösung 1 nachschauen.

Üben 5 ___ Punkte

Üben 6 Ergänze und male.

13	ЖЖ III	
17		
19		
15		
18		
11		

Zahlen bis 20
Zahlen darstellen

Zahlen bis 20
Zahlen darstellen

Lösung 6 Für jede richtige Aufgabe gibt es 1 Punkt.

13	ЖЖ III
17	ЖЖ Ж II
19	Ж Ж Ж IIII
15	Ж Ж Ж
18	Ж Ж Ж III
11	Ж Ж I

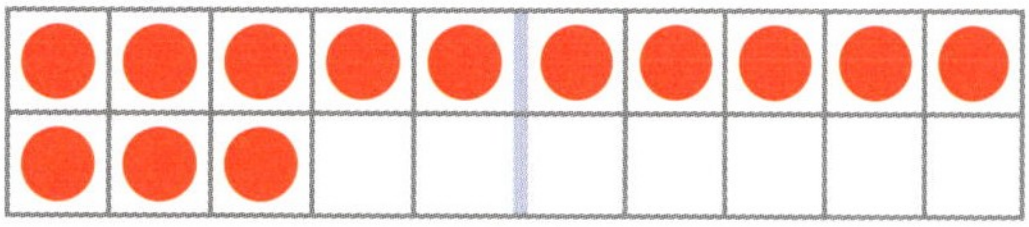

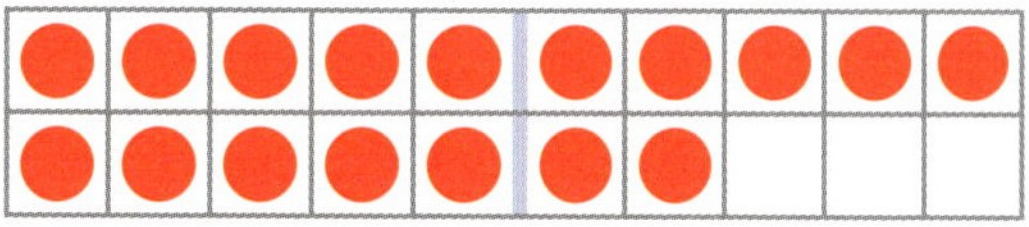

Üben 6 ☐ Punkte

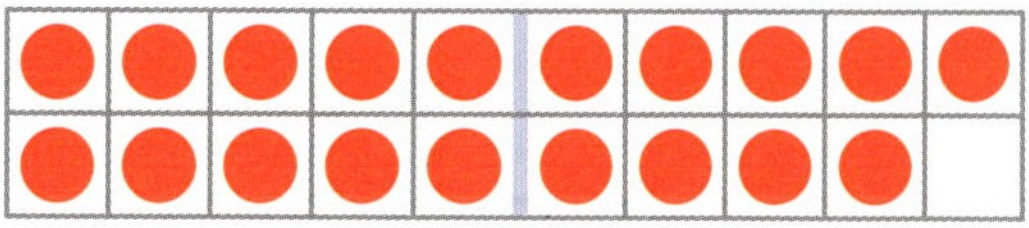

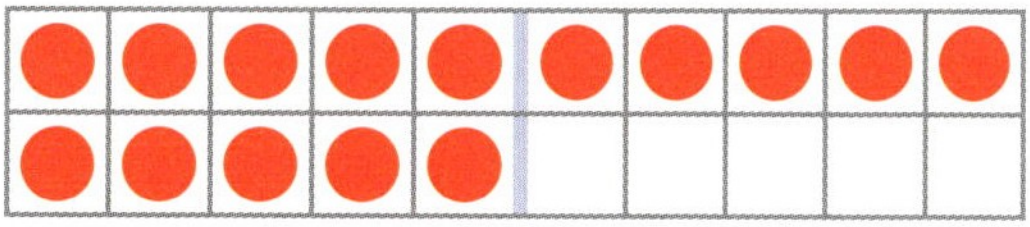

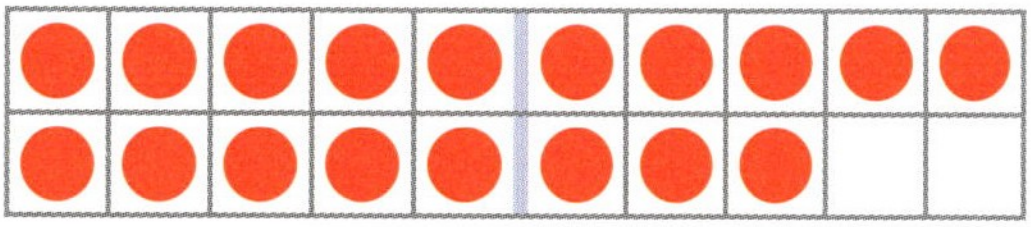

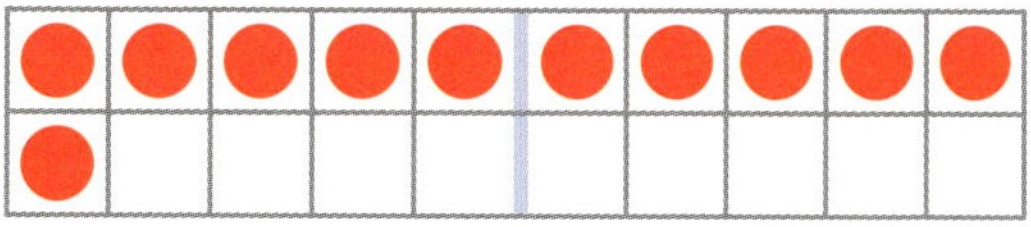

Üben 7 Setze ein: <, = oder >.

8   <   13

11 ⬤ 13   17 ⬤ 15   14 ⬤ 14

19 ⬤ 9   12 ⬤ 20   20 ⬤ 0

Zahlen bis 20
Zahlen vergleichen

Zahlen bis 20
Zahlen vergleichen

Lösung Für jedes richtige Zeichen gibt es 1 Punkt.

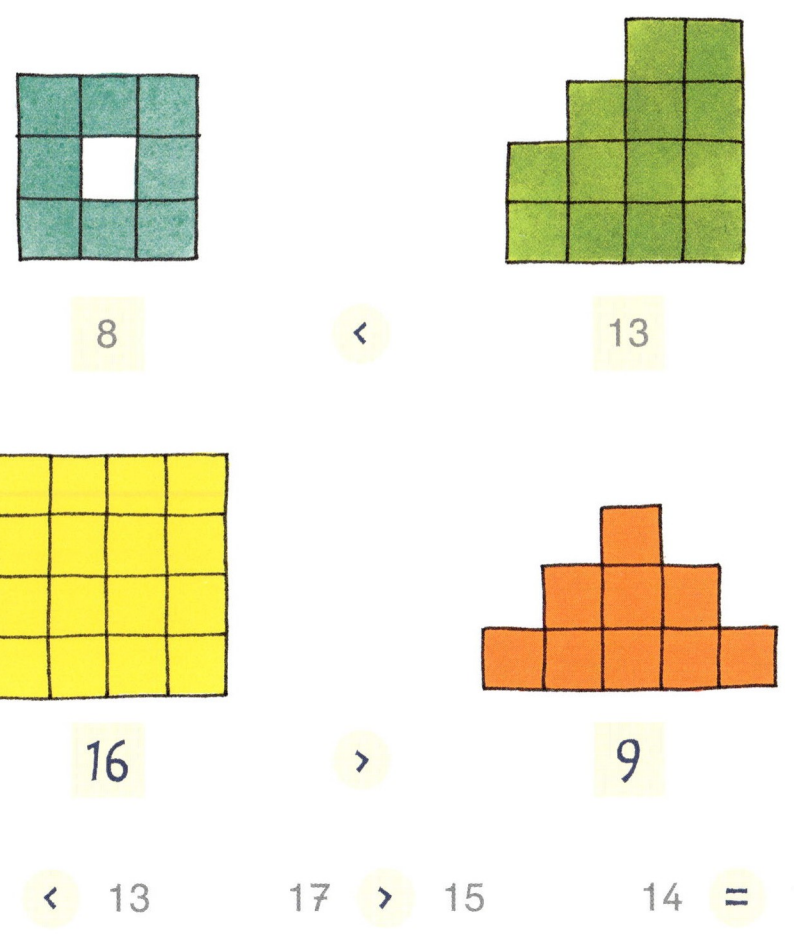

8 < 13

16 > 9

11 < 13   17 > 15   14 = 14

19 > 9   12 < 20   20 > 0

Üben   Punkte

Üben 8 Fülle die Häuser aus.

Zahlen bis 20
Zahlen zerlegen

Zahlen bis 20
Zahlen zerlegen

Lösung Für jedes richtige Haus gibt es 2 Punkte.

Üben Punkte

Üben ⑨ Schreibe die Plusaufgabe und rechne.

3 + 2 = 5   ___ + ___ = ___

___ + ___ = ___   ___ + ___ = ___

___ + ___ = ___   ___ + ___ = ___

___ + ___ = ___   ___ + ___ = ___

Zahlen addieren
Zahlen bis 10 addieren

Zahlen addieren
Zahlen bis 10 addieren

Lösung Für jede richtige Aufgabe gibt es 1 Punkt.

3 + 2 = 5   5 + 2 = 7

2 + 1 = 3   6 + 3 = 9

4 + 5 = 9   3 + 4 = 7

4 + 2 = 6   6 + 1 = 7

Üben Punkte

Üben 10 — Rechne und ergänze die Tabelle.

+	0	3	2	4	1
10	10				
12					
13					
16					
11					
15					
14					

Zahlen addieren
Zahlen bis 20 addieren

Zahlen addieren
Zahlen bis 20 addieren

Lösung Für jede richtige Zeile gibt es 2 Punkte.

+	0	3	2	4	1
10	10	13	12	14	11
12	12	15	14	16	13
13	13	16	15	17	14
16	16	19	18	20	17
11	11	14	13	15	12
15	15	18	17	19	16
14	14	17	16	18	15

Üben Punkte

Üben ❶ Was gehört zusammen? Verbinde und rechne.

6 + 2 = **8**

4 + 3 = ...

1 + 8 = ...

4 + 5 = ...

2 + 7 = ...

11 + 8 = ...

12 + 7 = ...

16 + 2 = **18**

14 + 5 = ...

14 + 3 = ...

Zahlen addieren
Mit Analogieaufgaben rechnen

Zahlen addieren
Mit Analogieaufgaben rechnen

Lösung Für jedes richtige Aufgabenpaar gibt es 1 Punkt.

$$6 + 2 = 8 \qquad 11 + 8 = 19$$
$$4 + 3 = 7 \qquad 12 + 7 = 19$$
$$1 + 8 = 9 \qquad 16 + 2 = 18$$
$$4 + 5 = 9 \qquad 14 + 5 = 19$$
$$2 + 7 = 9 \qquad 14 + 3 = 17$$

TIPP

Das sind Analogieaufgaben:

$13 + 4 = \qquad 3 + 4 =$

Rechne zuerst die leichte Aufgabe:

$3 + 4 = 7 \qquad 13 + 4 = 17$

Üben   Punkte

Üben ⑫ Rechne.

6 + 5 = _11_	5 + 8 = ...
7 + 8 = ...	7 + 9 = ...
9 + 6 = ...	8 + 8 = ...
8 + 5 = ...	9 + 3 = ...
5 + 7 = ...	5 + 9 = ...
9 + 9 = ...	4 + 8 = ...
4 + 9 = ...	3 + 8 = ...
6 + 6 = ...	8 + 9 = ...
9 + 2 = ...	7 + 7 = ...

Zahlen addieren
Zahlen addieren mit Zehnerübergang

Zahlen addieren
Zahlen addieren mit Zehnerübergang

Lösung 12 Für jede richtige Aufgabe gibt es 1 Punkt.

6 + 5 = 11	5 + 8 = 13
7 + 8 = 15	7 + 9 = 16
9 + 6 = 15	8 + 8 = 16
8 + 5 = 13	9 + 3 = 12
5 + 7 = 12	5 + 9 = 14
9 + 9 = 18	4 + 8 = 12
4 + 9 = 13	3 + 8 = 11
6 + 6 = 12	8 + 9 = 17
9 + 2 = 11	7 + 7 = 14

TIPP

Du kannst die Aufgabe vor dem Rechnen legen.

6 + 5 =    6 + 5 = 11

Üben 12   Punkte

Üben 13 — Schreibe immer 2 Plusaufgaben. Rechne.

7   5   4   8

7 + 5 = 12   ..... + ... = ...
5 + 7 = 12   ..... + ... = ...

6   9   2   9

..... + ... = ... + ... = ...
..... + ... = ... + ... = ...

6   8   9   7

..... + ... = ... + ... = ...
..... + ... = ... + ... = ...

Zahlen addieren
Mit Tauschaufgaben rechnen

Zahlen addieren
Mit Tauschaufgaben rechnen

Lösung 13 Für jedes richtige Aufgabenpaar gibt es 1 Punkt.

7 + 5 = 12   4 + 8 = 12
5 + 7 = 12   8 + 4 = 12

9 + 6 = 15   9 + 2 = 11
6 + 9 = 15   2 + 9 = 11

6 + 8 = 14   9 + 7 = 16
8 + 6 = 14   7 + 9 = 16

TIPP

5 + 7 =   7 + 5 =

Tauschaufgaben haben dasselbe Ergebnis.
Rechne zuerst mit der größten Zahl:
7 + 5 = 12

Üben 13 Punkte

Üben 14 Spiegele, schreibe die Aufgabe und rechne.

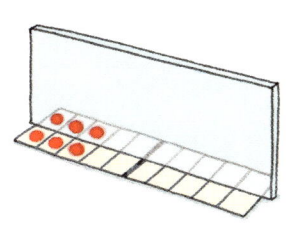

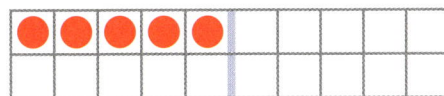

.... + ... = ...

3 + 3 = 6

.... + ... = ...

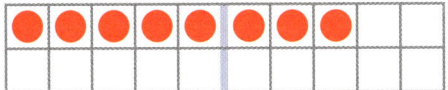

.... + ... = ...

.... + ... = ...

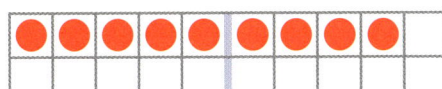

.... + ... = ...

.... + ... = ...

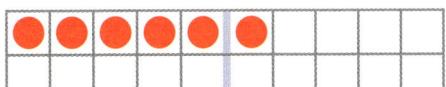

.... + ... = ...

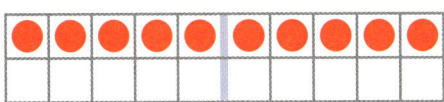

.... + ... = ...

Zahlen addieren
Durch Verdoppeln rechnen

Zahlen addieren
Durch Verdoppeln rechnen

Lösung Für jede richtige Aufgabe gibt es 1 Punkt.

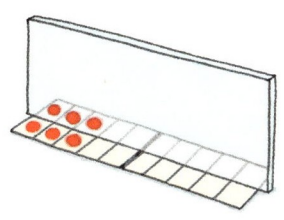

3 + 3 = 6

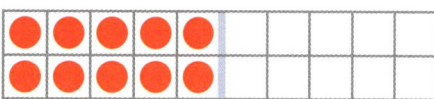

5 + 5 = 10

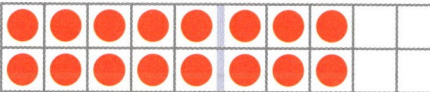

8 + 8 = 16

4 + 4 = 8

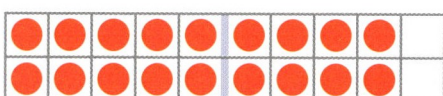

9 + 9 = 18

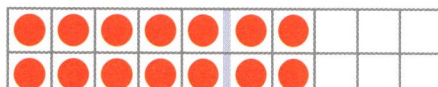

7 + 7 = 14

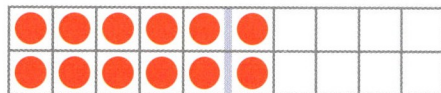

6 + 6 = 12

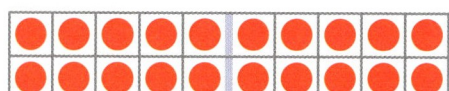

10 + 10 = 20

Üben Punkte

Üben ⑮ Schreibe alle passenden Aufgaben. Rechne.

7 + 2 = 9		8 + 1 = 9
--------- ⬅	8 + 2 = 10 ➡	---------
9 + 2 = 11		8 + 3 = 11

| --------- ⬅ | 6 + 8 = ... ➡ | --------- |

| --------- ⬅ | 15 + 5 = ... ➡ | --------- |

Zahlen addieren
Mit Nachbaraufgaben rechnen

Zahlen addieren
Mit Nachbaraufgaben rechnen

Lösung ⑮ Für jede richtige Aufgabe gibt es 1 Punkt.

$7 + 2 = 9$		$8 + 1 = 9$
---	← $8 + 2 = 10$ →	---
$9 + 2 = 11$		$8 + 3 = 11$

$5 + 8 = 13$		$6 + 7 = 13$
---	← $6 + 8 = 14$ →	---
$7 + 8 = 15$		$6 + 9 = 15$

$14 + 5 = 19$		$15 + 4 = 19$
---	← $15 + 5 = 20$ →	---
$16 + 5 = 21$		$15 + 6 = 21$

Üben ⑮ ▢ Punkte

Üben 16 Wie geht es weiter? Schreibe und rechne.

8 + 3 = 11
8 + 4 = ...
8 + ... = ...
...... + ... = ...
...... + ... = ...
...... + ... = ...

2 + 5 = ...
3 + 6 = ...
4 + ... = ...
...... + ... = ...
...... + ... = ...
...... + ... = ...

6 + 11 = ...
7 + 10 = ...
8 + ... = ...
...... + ... = ...
...... + ... = ...

13 + 7 = ...
12 + 8 = ...
11 + ... = ...
...... + ... = ...
...... + ... = ...

Zahlen addieren
Rechenmuster erkennen

Zahlen addieren
Rechenmuster erkennen

Lösung 16 Für jedes richtige Aufgabenpäckchen gibt es 3 Punkte.

8 + 3 = 11	2 + 5 = 7
8 + 4 = 12	3 + 6 = 9
8 + 5 = 13	4 + 7 = 11
8 + 6 = 14	5 + 8 = 13
8 + 7 = 15	6 + 9 = 15
8 + 8 = 16	7 + 10 = 17
6 + 11 = 17	13 + 7 = 20
7 + 10 = 17	12 + 8 = 20
8 + 9 = 17	11 + 9 = 20
9 + 8 = 17	10 + 10 = 20
10 + 7 = 17	9 + 11 = 20

Üben 17 Wie viele Plusaufgaben schaffst du in 3 Minuten? Rechne.

6 + 3 = 9   12 + 4 = ...   18 + 1 = ...

6 + 6 = ... 13 + 5 = ...   15 + 5 = ...

1 + 9 = ... 8 + 6 = ...   5 + 5 = ...

5 + 4 = ... 7 + 9 = ...   8 + 0 = ...

7 + 8 = ... 11 + 8 = ...   13 + 7 = ...

3 + 4 = ... 6 + 13 = ...   16 + 3 = ...

2 + 7 = ... 8 + 8 = ...   9 + 9 = ...

4 + 9 = ... 4 + 12 = ...   2 + 14 = ...

3 + 8 = ... 3 + 15 = ...   6 + 11 = ...

5 + 7 = ... 17 + 2 = ...   10 + 10 = ...

Zahlen addieren
Schnell rechnen

Zahlen addieren
Schnell rechnen

Lösung 17 Für jede richtige Aufgabe gibt es 1 Punkt.

6 + 3 = 9	12 + 4 = 16	18 + 1 = 19
6 + 6 = 12	13 + 5 = 18	15 + 5 = 20
1 + 9 = 10	8 + 6 = 14	5 + 5 = 10
5 + 4 = 9	7 + 9 = 16	8 + 0 = 8
7 + 8 = 15	11 + 8 = 19	13 + 7 = 20
3 + 4 = 7	6 + 13 = 19	16 + 3 = 19
2 + 7 = 9	8 + 8 = 16	9 + 9 = 18
4 + 9 = 13	4 + 12 = 16	2 + 14 = 16
3 + 8 = 11	3 + 15 = 18	6 + 11 = 17
5 + 7 = 12	17 + 2 = 19	10 + 10 = 20

Üben 17   Punkte

Üben

18 Lies, schreibe die Plusaufgabe und rechne.

Paula kauft 2 Päckchen. Wie viele Stifte hat sie?

5 + 5 = 10

Nic stellt noch 3 Autos dazu. Wie viele Autos sind es dann?

...... + ... = ...

Ins Tierheim kommen noch 3 Katzen. Wie viele sind es dann?

...... + ... = ...

Max will doppelt so viele Bälle haben. Wie viele hat er dann?

...... + ... = ...

Zahlen addieren
Rechengeschichten

Zahlen addieren
Rechengeschichten

Lösung 18 Für jede richtige Aufgabe gibt es 1 Punkt.

Paula kauft 2 Päckchen.
Wie viele Stifte hat sie?
5 + 5 = 10

Nic stellt noch 3 Autos dazu.
Wie viele Autos sind es dann?
6 + 3 = 9

Ins Tierheim kommen noch 3 Katzen.
Wie viele sind es dann?
8 + 3 = 11

Max will doppelt so viele Bälle haben.
Wie viele hat er dann?
6 + 6 = 12

Üben 18   Punkte

Üben ⑲ Schreibe die Minusaufgabe und rechne.

8 − 3 = 5

...... − ...... = ...

...... − ...... = ...

...... − ...... = ...

...... − ...... = ...

...... − ...... = ...

...... − ...... = ...

...... − ...... = ...

...... − ...... = ...

...... − ...... = ...

Zahlen subtrahieren
Zahlen bis 10 subtrahieren

Zahlen subtrahieren
Zahlen bis 10 subtrahieren

Lösung Für jede richtige Aufgabe gibt es 1 Punkt.

8 − 3 = 5

7 − 5 = 2

9 − 4 = 5

5 − 1 = 4

10 − 5 = 5

9 − 6 = 3

10 − 8 = 2

8 − 7 = 1

8 − 0 = 8

6 − 3 = 3

Üben Punkte

Üben 20 Rechne und male an.

11 − 0 = ...

18 − 3 = ...

20 − 7 = ...

14 − 1 = 13

17 − 4 = ...

19 − 6 = ...

20 − 5 = ...

19 − 4 = ...

16 − 5 = ...

14 − 3 = ...

Zahlen subtrahieren
Zahlen bis 20 subtrahieren

Zahlen subtrahieren
Zahlen bis 20 subtrahieren

Lösung ㉙ Für jede richtige Aufgabe gibt es 1 Punkt.

11 − 0 = 11

18 − 3 = 15

20 − 7 = 13

14 − 1 = 13

17 − 4 = 13

15   11   13

19 − 6 = 13

20 − 5 = 15

19 − 4 = 15

16 − 5 = 11

14 − 3 = 11

Üben ㉙   Punkte

Üben 21 Schreibe und rechne zuerst die leichte Aufgabe.

5 − 3 = 2	15 − 3 = 12
...... − ...... = ...	16 − 4 = ...
...... − ...... = ...	19 − 6 = ...
...... − ...... = ...	15 − 2 = ...
...... − ...... = ...	17 − 4 = ...
...... − ...... = ...	18 − 6 = ...
...... − ...... = ...	16 − 3 = ...
...... − ...... = ...	14 − 2 = ...
...... − ...... = ...	13 − 1 = ...

Zahlen subtrahieren
Mit Analogieaufgaben rechnen

Zahlen subtrahieren
Mit Analogieaufgaben rechnen

Lösung 21 Für jedes richtige Aufgabenpaar gibt es 1 Punkt.

5 − 3 = 2	15 − 3 = 12
6 − 4 = 2	16 − 4 = 12
9 − 6 = 3	19 − 6 = 13
5 − 2 = 3	15 − 2 = 13
7 − 4 = 3	17 − 4 = 13
8 − 6 = 2	18 − 6 = 12
6 − 3 = 3	16 − 3 = 13
4 − 2 = 2	14 − 2 = 12
3 − 1 = 2	13 − 1 = 12

TIPP

Das sind Analogieaufgaben:

15 − 3 =   5 − 3 =

Rechne zuerst die leichte Aufgabe:

5 − 3 = 2   15 − 3 = 12

Üben 22 Rechne und ergänze die Tabelle.

−	4	6	10	5	9
11	7				
17					
15					
13					
19					
10					
12					
14					
16					

Zahlen subtrahieren
Zahlen subtrahieren mit Zehnerübergang

Zahlen subtrahieren
Zahlen subtrahieren mit Zehnerübergang

Lösung 22 Für jede richtige Zeile gibt es 2 Punkte.

−	4	6	10	5	9
11	7	5	1	6	2
17	13	11	7	12	8
15	11	9	5	10	6
13	9	7	3	8	4
19	15	13	9	14	10
10	6	4	0	5	1
12	8	6	2	7	3
14	10	8	4	9	5
16	12	10	6	11	7

Üben 22   Punkte

Üben 23 Schreibe alle Nachbaraufgaben. Rechne.

10 − 4 = ...
11 − 3 = 8   11 − 4 = 7   11 − 5 = ...
12 − 4 = 8

.... − 5 = ...
19 − .... = ...   19 − 5 = ...   19 − .... = ...
.... − 5 = ...

Zahlen subtrahieren
Mit Nachbaraufgaben rechnen

Zahlen subtrahieren
Mit Nachbaraufgaben rechnen

Lösung㉓ Für jede richtige Aufgabe gibt es 1 Punkt.

Üben 24 Wie geht es weiter? Schreibe und rechne.

17 − 6 = ...
17 − 5 = ...
17 − 4 = ...
17 − ...... = ...
...... − ...... = ...
...... − ...... = ...

18 − 6 = ...
17 − 5 = ...
16 − ...... = ...
...... − ...... = ...
...... − ...... = ...
...... − ...... = ...

12 − 3 = ...
12 − 4 = ...
12 − ...... = ...
...... − ...... = ...
...... − ...... = ...

15 − 7 = ...
15 − 8 = ...
...... − 9 = ...
...... − ...... = ...
...... − ...... = ...

Zahlen subtrahieren
Rechenmuster erkennen

Zahlen subtrahieren
Rechenmuster erkennen

Lösung 24 Für jedes richtige Aufgabenpäckchen gibt es 3 Punkte.

17 − 6 = 11   18 − 6 = 12
17 − 5 = 12   17 − 5 = 12
17 − 4 = 13   16 − 4 = 12
17 − 3 = 14   15 − 3 = 12
17 − 2 = 15   14 − 2 = 12
17 − 1 = 16   13 − 1 = 12

12 − 3 = 9   15 − 7 = 8
12 − 4 = 8   15 − 8 = 7
12 − 5 = 7   15 − 9 = 6
12 − 6 = 6   15 − 10 = 5
12 − 7 = 5   15 − 11 = 4

Üben 25

Wie viele Minusaufgaben schaffst du in 3 Minuten? Rechne.

5 – 2 = 3	20 – 9 =	17 – 6 =
7 – 3 =	12 – 6 =	15 – 2 =
11 – 4 =	15 – 8 =	16 – 9 =
16 – 8 =	14 – 9 =	18 – 9 =
13 – 5 =	7 – 5 =	9 – 7 =
6 – 2 =	13 – 6 =	8 – 3 =
9 – 0 =	12 – 0 =	14 – 6 =
18 – 6 =	6 – 6 =	17 – 2 =
13 – 7 =	16 – 6 =	13 – 9 =
8 – 4 =	4 – 3 =	15 – 6 =

Zahlen subtrahieren
Schnell rechnen

Zahlen subtrahieren
Schnell rechnen

Lösung 25 Für jede richtige Zahl gibt es 1 Punkt.

5 – 2 = 3	20 – 9 = 11	17 – 6 = 11
7 – 3 = 4	12 – 6 = 6	15 – 2 = 13
11 – 4 = 7	15 – 8 = 7	16 – 9 = 7
16 – 8 = 8	14 – 9 = 5	18 – 9 = 9
13 – 5 = 8	7 – 5 = 2	9 – 7 = 2
6 – 2 = 4	13 – 6 = 7	8 – 3 = 5
9 – 0 = 9	12 – 0 = 12	14 – 6 = 8
18 – 6 = 12	6 – 6 = 0	17 – 2 = 15
13 – 7 = 6	16 – 6 = 10	13 – 9 = 4
8 – 4 = 4	4 – 3 = 1	15 – 6 = 9

Üben 26 Lies, schreibe die Minusaufgabe und rechne.

3 Kinder stehen auf. Wie viele bleiben sitzen?

8 − 3 = 5

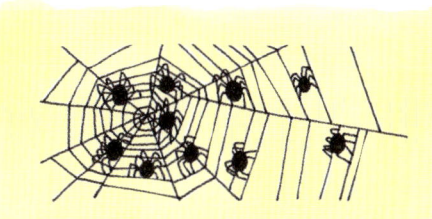

4 Spinnen krabbeln weg. Wie viele sind noch da?

___ − ___ = ___

Leo verliert einen Schuh. Wie viele sind es noch?

___ − ___ = ___

Tim nimmt 5 Bonbons weg. Wie viele sind es dann?

___ − ___ = ___

Zahlen subtrahieren
Rechengeschichten

Zahlen subtrahieren
Rechengeschichten

Lösung Für jede richtige Aufgabe gibt es 1 Punkt.

3 Kinder stehen auf.
Wie viele bleiben sitzen?
8 – 3 = 5

4 Spinnen krabbeln weg.
Wie viele sind noch da?
10 – 4 = 6

Leo verliert einen Schuh.
Wie viele sind es noch?
12 – 1 = 11

Tim nimmt 5 Bonbons weg.
Wie viele sind es dann?
13 – 5 = 8

Üben 27 Rechne und schreibe die Umkehraufgabe.

6 + 3 = 9

.... – .... = ...

12 + 3 = ...

9 – 3 = 6

7 + 8 = ...

.... – .... = ...

.... + ... = ...

18 – 3 = ...

8 + 7 = ...

16 – 9 = ...

.... + ... = ...

.... – .... = ...

Zahlen addieren und subtrahieren
Umkehraufgaben

Zahlen addieren und subtrahieren
Umkehraufgaben

Lösung 27 Für jedes richtige Aufgabenpaar gibt es 1 Punkt.

6 + 3 = 9
15 − 3 = 12
12 + 3 = 15
9 − 3 = 6
7 + 8 = 15
15 − 8 = 7
7 + 9 = 16
18 − 3 = 15
8 + 7 = 15
16 − 9 = 7
15 + 3 = 18
15 − 7 = 8

TIPP

Mit Umkehraufgaben kannst du Ergebnisse überprüfen: 19 − 3 = 16   16 + 3 = 19

Üben 28 Schreibe alle Plus- und Minusaufgaben.

6 + 8 = 14
8 + 6 = 14
14 − 8 = 6
14 − 6 = 8

Zahlen addieren und subtrahieren
Verwandte Aufgaben

Zahlen addieren und subtrahieren
Verwandte Aufgaben

Lösung ㉘ Für jede richtige Aufgabe gibt es 1 Punkt.

$6 + 8 = 14$ $5 + 9 = 14$
$8 + 6 = 14$ $9 + 5 = 14$
$14 - 8 = 6$ $14 - 9 = 5$
$14 - 6 = 8$ $14 - 5 = 9$

$11 + 7 = 18$
$7 + 11 = 18$
$18 - 11 = 7$
$18 - 7 = 11$

TIPP

Es gibt immer 4 Aufgaben.
Denke an die Tausch- und Umkehraufgaben.

Üben ㉘   **Punkte**

Üben 29 Ergänze.

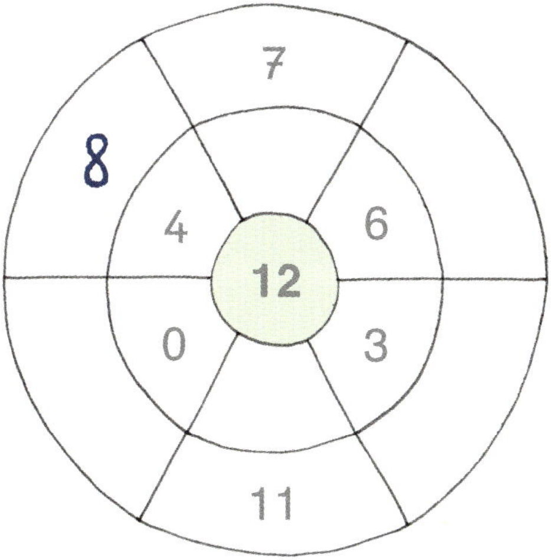

Zahlen addieren und subtrahieren
Rechenräder

Zahlen addieren und subtrahieren
Rechenräder

Lösung 29 Für jede richtige Zahl gibt es 1 Punkt.

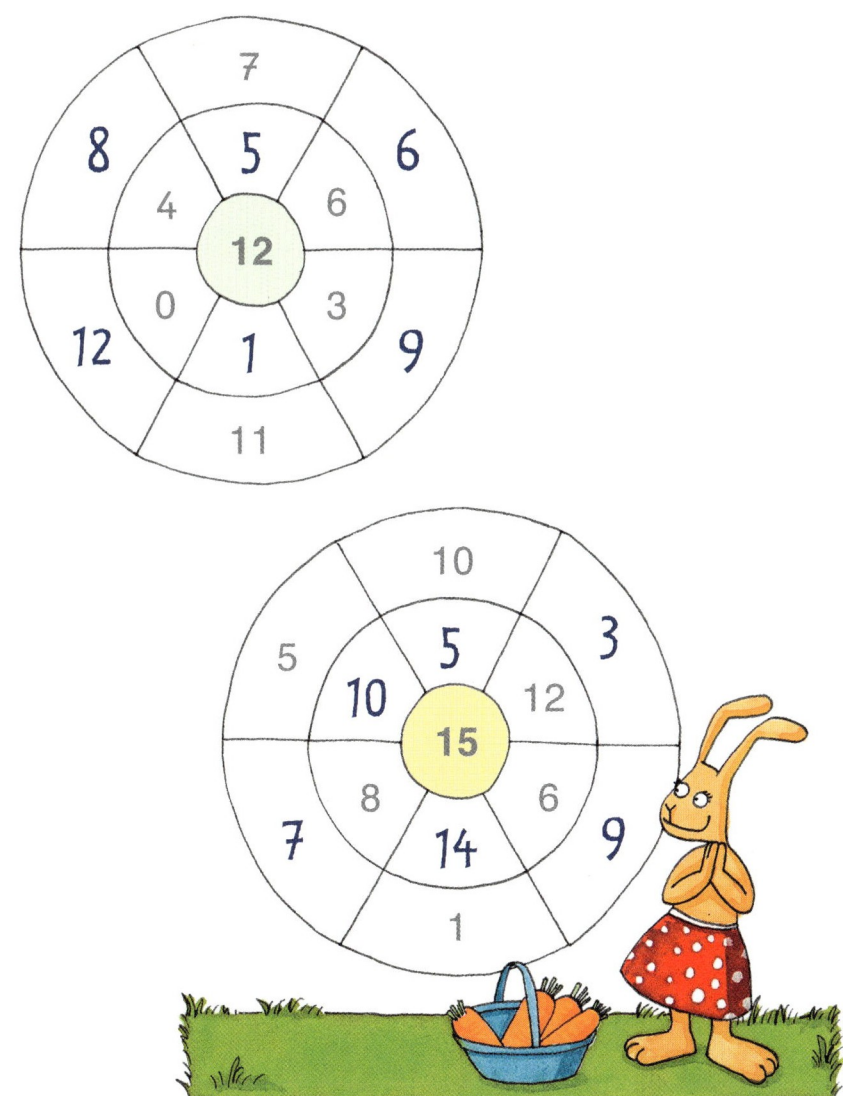

Üben 29 ☐ Punkte

Üben ㉚ Ergänze.

Zahlen addieren und subtrahieren
Rechenmauern

Zahlen addieren und subtrahieren
Rechenmauern

Lösung 30 Für jede richtige Zahl gibt es 1 Punkt.

Üben 30 Punkte

Üben 31 Rechne.

5 + **5** = 10	...... + 3 = 8
6 + ... = 8	...... + 7 = 14
4 + ... = 9	...... + 5 = 11
7 + ... = 10	...... + 6 = 18
9 + ... = 18	...... + 9 = 19

8 − ...... = 3	...... − 4 = 4
12 − ...... = 3	...... − 6 = 2
20 − ...... = 12	...... − 7 = 8
16 − ...... = 14	...... − 3 = 9
20 − ...... = 15	...... − 5 = 0

Zahlen addieren und subtrahieren
Mit Ergänzungsaufgaben rechnen

Zahlen addieren und subtrahieren
Mit Ergänzungsaufgaben rechnen

Lösung 31 Für jede richtige Aufgabe gibt es 1 Punkt.

5 + 5 = 10	5 + 3 = 8
6 + 2 = 8	7 + 7 = 14
4 + 5 = 9	6 + 5 = 11
7 + 3 = 10	12 + 6 = 18
9 + 9 = 18	10 + 9 = 19
8 − 5 = 3	8 − 4 = 4
12 − 9 = 3	8 − 6 = 2
20 − 8 = 12	15 − 7 = 8
16 − 2 = 14	12 − 3 = 9
20 − 5 = 15	5 − 5 = 0

Üben 31 Punkte

Üben 32 Ergänze.

+	5	8		4		6
7	12		17			
	14					
3					10	
				10		

−		5	9		0	
16	8			10		13
		15				
18						
		4				

Zahlen addieren und subtrahieren
Tabellen ergänzen

Zahlen addieren und subtrahieren
Tabellen ergänzen

Lösung 32 Für jede richtige Zeile gibt es 2 Punkte.

+	5	8	10	4	7	6
7	12	15	17	11	14	13
9	14	17	19	13	16	15
3	8	11	13	7	10	9
6	11	14	16	10	13	12

−	8	5	9	6	0	3
16	8	11	7	10	16	13
20	12	15	11	14	20	17
18	10	13	9	12	18	15
12	4	7	3	6	12	9

Üben 32 Punkte

Üben 33 Ergänze.

+ 2 | 5 | 7 | 9 | ___

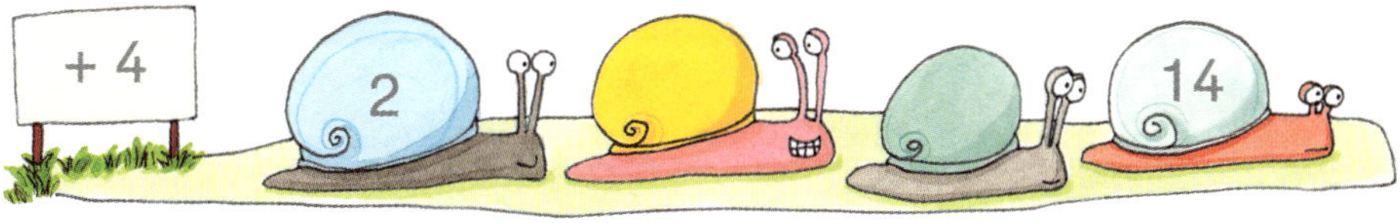

+ 4 | 2 | ___ | ___ | 14

− 3 | 19 | ___ | ___ | ___

− 2 | 14 | ___ | ___ | ___

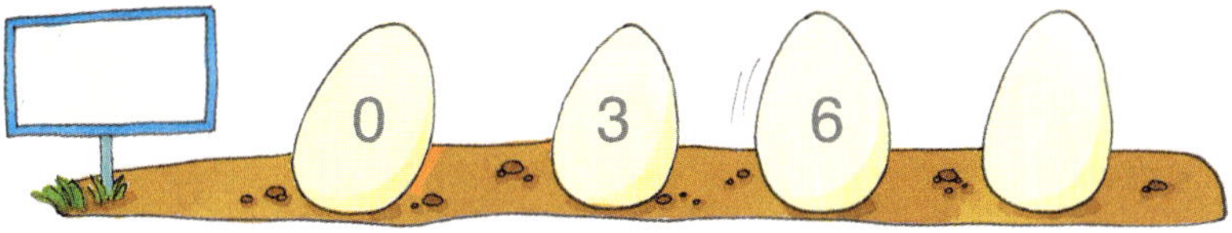

___ | 0 | 3 | 6 | ___

___ | 20 | 16 | ___ | ___

Zahlen addieren und subtrahieren
Zahlenfolgen

Zahlen addieren und subtrahieren
Zahlenfolgen

Lösung 33 Für jede richtige Zeile gibt es 2 Punkte.

+ 2	5	7	9	11
+ 4	2	6	10	14
− 3	19	16	13	10
− 2	14	12	10	8
+ 3	0	3	6	9
− 4	20	16	12	8

TIPP

Rechne immer zuerst den Unterschied aus.

5, 7, 9 ...

5 + 2 = 7

7 + 2 = 9

Unterschied (Regel): + 2

Üben 34 Trage ein.

2		
	5	
4		8

Zauberzahl: 15

10		
		11
	2	

Zauberzahl: 18

5	0	
	4	
	8	

Zauberzahl:

Zahlen addieren und subtrahieren
Zauberquadrate

Zahlen addieren und subtrahieren
Zauberquadrate

Lösung 34 Für jede richtige Zahl gibt es 1 Punkt.

2	7	6
9	5	1
4	3	8

Zauberzahl: 15

10	3	5
1	6	11
7	9	2

Zauberzahl: 18

5	0	7
6	4	2
1	8	3

Zauberzahl: 12

Üben 35 Wie viele Aufgaben schaffst du in 3 Minuten?

$8 + 5 = 13$	$17 + \_\_ = 17$	$11 - 6 = \_\_$
$7 + \_\_ = 13$	$16 - \_\_ = 8$	$18 - 4 = \_\_$
$20 - 9 = \_\_$	$14 - \_\_ = 3$	$5 + \_\_ = 13$
$17 + \_\_ = 20$	$\_\_ - 5 = 13$	$4 + 13 = \_\_$
$18 - 6 = \_\_$	$\_\_ + 6 = 19$	$17 - \_\_ = 7$
$\_\_ - 3 = 9$	$7 + 8 = \_\_$	$\_\_ - 10 = 3$
$15 - \_\_ = 6$	$10 - \_\_ = 5$	$\_\_ + 7 = 13$
$2 + 13 = \_\_$	$14 + \_\_ = 19$	$12 - \_\_ = 4$
$16 - 9 = \_\_$	$9 + \_\_ = 20$	$5 + 12 = \_\_$
$18 - \_\_ = 4$	$9 - \_\_ = 0$	$15 - 8 = \_\_$

Zahlen addieren und subtrahieren
Schnell rechnen

Zahlen addieren und subtrahieren
Schnell rechnen

Lösung ③ Für jede richtige Aufgabe gibt es 1 Punkt.

8 + 5 = 13	17 + 0 = 17	11 − 6 = 5
7 + 6 = 13	16 − 8 = 8	18 − 4 = 14
20 − 9 = 11	14 − 11 = 3	5 + 8 = 13
17 + 3 = 20	18 − 5 = 13	4 + 13 = 17
18 − 6 = 12	13 + 6 = 19	17 − 10 = 7
12 − 3 = 9	7 + 8 = 15	13 − 10 = 3
15 − 9 = 6	10 − 5 = 5	6 + 7 = 13
2 + 13 = 15	14 + 5 = 19	12 − 8 = 4
16 − 9 = 7	9 + 11 = 20	5 + 12 = 17
18 − 14 = 4	9 − 9 = 0	15 − 8 = 7

TIPP

Schau genau: plus oder minus?

Üben 36 Lies und löse die Zahlenrätsel.

Welche Zahl ist um 3 kleiner als 14?

$1\,4 - 3 = 1\,1$

Die Zahl heißt: 11

19 ist um 10 größer als die gesuchte Zahl.

Die Zahl heißt: ……………

Welche Zahl ist das Doppelte von 8?

Die Zahl heißt: ……………

Die gesuchte Zahl ist in der Mitte zwischen 2 und 8.

Die Zahl heißt: ……………

Zahlen addieren und subtrahieren
Zahlenrätsel

Zahlen addieren und subtrahieren
Zahlenrätsel

Lösung Für jede richtige Antwort gibt es 1 Punkt.

Welche Zahl ist um 3 kleiner als 14?
14 − 3 = 11
Die Zahl heißt: 11

19 ist um 10 größer als die gesuchte Zahl.
19 − 10 = 9
Die Zahl heißt: 9

Welche Zahl ist das Doppelte von 8?
8 + 8 = 16
Die Zahl heißt: 16

Die gesuchte Zahl ist in der Mitte zwischen 2 und 8.
2 3 4 5 6 7 8
Die Zahl heißt: 5

Üben Punkte

Üben 37 Lies und rechne.

Marie pustet 5 Kerzen aus.
Frage: Wie viele Kerzen brennen noch?
Rechnung:

Antwort: Es brennen noch .... Kerzen.

Lisa und Alex sind zusammen
16 Jahre alt.
Frage: Wie alt ist Lisa?
Rechnung:

Antwort: Lisa ist .... Jahre alt.

Zahlen addieren und subtrahieren
Rechengeschichten

Zahlen addieren und subtrahieren
Rechengeschichten

Lösung Für jede richtige Antwort gibt es 1 Punkt.

Marie pustet 5 Kerzen aus.
Frage: Wie viele Kerzen brennen noch?
Rechnung: 8 − 5 = 3
Antwort: Es brennen noch 3 Kerzen.

Lisa und Alex sind zusammen 16 Jahre alt.
Frage: Wie alt ist Lisa?
Rechnung: 16 − 7 = 9
Antwort: Lisa ist 9 Jahre alt.

Üben Punkte

Trage hier ein, wie viele Punkte du bei den Übungen erreicht hast und ob die Aufgaben für dich leicht 😊 oder schwer ☹ waren. Lass dir beim Ausrechnen der Gesamtpunktzahl helfen.

Zahlen bis 10	Punktzahl	Erreichbare Punktzahl	😊	☹
Üben 1		5		
Üben 2		7		
Üben 3		2		
Üben 4		9		
Gesamtpunktzahl		23		

Zahlen bis 20	Punktzahl	Erreichbare Punktzahl	😊	☹
Üben 5		5		
Üben 6		5		
Üben 7		7		
Üben 8		12		
Gesamtpunktzahl		29		

Trainingsergebnisse

Trainingsergebnisse

Zahlen addieren	Punktzahl	Erreichbare Punktzahl	🙂	☹
Üben 9		7		
Üben 10		14		
Üben 11		4		
Üben 12		17		
Üben 13		5		
Üben 14		7		
Üben 15		10		
Üben 16		12		
Üben 17		29		
Üben 18		3		
Gesamtpunktzahl		108		

Zahlen subtrahieren	Punktzahl	Erreichbare Punktzahl	🙂	☹
Üben 19		9		
Üben 20		9		
Üben 21		8		
Üben 22		18		
Üben 23		7		

Üben 24		12		
Üben 25		29		
Üben 26		3		
Gesamtpunktzahl		95		

Zahlen addieren und subtrahieren	Punktzahl	Erreichbare Punktzahl	😊	☹
Üben 27		5		
Üben 28		8		
Üben 29		10		
Üben 30		10		
Üben 31		19		
Üben 32		20		
Üben 33		12		
Üben 34		17		
Üben 35		29		
Üben 36		3		
Üben 37		2		
Gesamtpunktzahl		135		

Endergebnis: .... von 390 erreichbaren Punkten.

Trainingsergebnisse

Trainingsergebnisse

bis 190 Punkte: Prima, dass du alle Aufgaben bearbeitet und so fleißig trainiert hast! Du solltest jedoch noch weiter üben, um sicherer im Einmaleins zu werden. Das Buch „Wissen – Üben – Testen: Mathematik 2. Klasse" kann dir dabei helfen. Dort findest du im Kapitel „Grundrechenarten" viele Übungen.

191 bis 300 Punkte: Du hast vieles richtig gemacht und toll durchgehalten! Wenn du weiter regelmäßig trainierst, kannst du zu einem richtigen Rechenprofi des Einmaleins werden. Dazu solltest du dir die Aufgaben nochmals genau ansehen, bei denen du in den Trainingsergebnissen dieses Zeichen angekreuzt hast: ☹

301 bis 391 Punkte: Herzlichen Glückwunsch! Du bist fit im Einmaleins! Nun ist es wichtig, dass du durch regelmäßiges Training deine gute Form hältst. Suche dir für die Freiarbeit in der Schule oder zum Üben zu Hause immer wieder Aufgaben zum Einmaleins aus.

Als Belohnung fürs Durchhalten darfst du dir die Medaille auf der nächsten Seite ausschneiden!

Du hast es geschafft!

Trenne das Blatt heraus und schneide die Medaille aus.

Stich oder schneide ein Loch in den kleinen Kreis oben.

Ziehe ein Band durch das Loch.

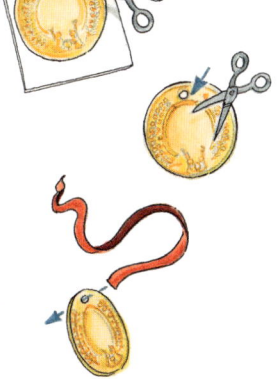

Medaille für Rechenprofis